Isabelle Filliozat

Caderno de exercícios para

superar um fracasso

Ilustrações: Jean Augagneur
Tradução de Maria Ferreira

EDITORA VOZES

Petrópolis

© Éditions Jouvence S.A., 2015
Route de Florissant, 97
CH-1206 Genebra
http://www.editions-jouvence.com
info@editions-jouvence.com

Tradução realizada a partir do original em francês intitulado *Petit cahier d'exercices pour se relever d'un échec.*

Direitos de publicação em língua portuguesa — Brasil:
2023, Editora Vozes Ltda.
Rua Frei Luís, 100
25689-900 Petrópolis, RJ
www.vozes.com.br
Brasil

Todos os direitos reservados. Nenhuma parte desta obra poderá ser reproduzida ou transmitida por qualquer forma e/ou quaisquer meios (eletrônico ou mecânico, incluindo fotocópia e gravação) ou arquivada em qualquer sistema ou banco de dados sem permissão escrita da editora.

CONSELHO EDITORIAL

Diretor
Volney J. Berkenbrock

Editores
Aline dos Santos Carneiro
Edrian Josué Pasini
Marilac Loraine Oleniki
Welder Lancieri Marchini

Conselheiros
Elói Dionísio Piva
Francisco Morás
Gilberto Gonçalves Garcia
Ludovico Garmus
Teobaldo Heidemann

Secretário executivo
Leonardo A.R.T. dos Santos

Editoração: Laís Costa Lomar Toledo
Projeto Gráfico: Éditions Jouvence
Arte-finalização: Sheilandre Desenv. Gráfico
Revisão gráfica: Nilton Braz da Rocha
Capa/ilustrações: Jean Augagneur
Arte-finalização: Editora Vozes

ISBN 978-65-5713-741-3 (Brasil)
ISBN 978-2-88911-632-4 (Suíça)

Este livro foi composto e impresso pela Editora Vozes Ltda.

Dados Internacionais de Catalogação na Publicação (CIP)
(Câmara Brasileira do Livro, SP, Brasil)

Filliozat, Isabelle
    Caderno de exercícios para superar um fracasso / Isabelle Filliozat ; ilustrações de Jean Augagneur ; tradução de Maria Ferreira. — Petrópolis, RJ : Vozes, 2023. — (Coleção Praticando o Bem-estar)
    Título original: Petit cahier d'exercices pour se relever d'un échec
    ISBN 978-65-5713-741-3
    1. Autoconhecimento (Psicologia) 2. Fracasso (Psicologia).
I. Augagneur, Jean. II. Título. III. Série.

22-132525   CDD-158.1

Índices para catálogo sistemático:
1. Fracasso : Superação : Psicologia aplicada   158.1
Inajara Pires de Souza — Bibliotecária — CRB PR-001652/O

> *O vencedor não é aquele que jamais fracassa,*
> *e sim aquele que sabe utilizar seus fracassos para crescer.*
>
> Éric Berne

Não importa se acontece no plano físico, afetivo, social, financeiro, o fracasso é uma ferida, uma ruptura no curso das coisas, um freio na energia vital. Muitas vezes temos dificuldade para aceitá-lo e procuramos evitar a dor por ele causada. Alguns o cercam de culpa, outros dele se defendem pela negação ou pela agressividade. Embora nos "levantemos", resta a lembrança de termos caído, talvez uma parte de nós até tenha ficado no chão. Em nossos projetos, como em nossas relações, procuramos o êxito, algo bem natural. Ainda assim, devemos fugir do fracasso? Uma vida sem fracassos, sem rupturas, é possível? Não. Toda inovação precisa de ruptura com as normas. Toda evolução implica rompimento com o passado. Cada dia é feito de escolhas; portanto, de pequenos lutos. E se considerássemos fracassos e rupturas sob um outro ângulo? E se eles tivessem um valor heurístico?[1] Poderíamos vê-los como guias, como os professores que podem ser.

---

1 Heurístico: que ensina algo.

Na França, particularmente, externamos uma concepção negativa do fracasso. Você pede a falência de sua empresa? Você é malvisto(a). Os bancos não lhe emprestam mais. Nos Estados Unidos é o contrário. Um gerente que nunca pediu falência pode ser considerado como alguém que não ousa correr risco, portanto pouco confiável! O fracasso é experiência... desde que saibamos decodificá-la e não nos enclausurarmos na ferida.

Um fracasso traz ruptura. Uma ruptura é muitas vezes vivida como um fracasso. Ela certamente nos coloca em xeque. Mas não deve nos deixar loucos.

Ainda que o louco, no jogo de tarô, seja aquele que parte para novas aventuras com todos os seus recursos em sua trouxa...

Minha ruptura/meu fracasso

Ruptura afetiva, profissional, de amizade, familiar, fracasso em um concurso ou em um emprego, luto de um esporte, de uma atividade de lazer que não se pode mais praticar por várias razões... as rupturas estão em toda parte. Você pode escolher uma para este caderno e, uma vez o processo integrado, aplicá-lo a outra situação.

Penso em uma ruptura ou em um fracasso recente ou futuro:
Quais são meus sentimentos a esse respeito?
(Grifar as menções inúteis)

Medo/cólera/ressentimento/ciúme/alegria/ansiedade/raiva/furor/angústia/inquietude/tranquilidade/amor/ternura/compaixão/vergonha/culpa/outro...

Desenho a situação presente:
(Não preciso "saber" desenhar, coloco no papel minha representação, pode ser um desenho muito claro dos diferentes personagens implicados, ou talvez um desenho abstrato, até mesmo uma bola, uma cruz, um quadrado ou um rabisco.)

A ruptura se inscreve no movimento da vida

Desenho o "pouco antes" à esquerda e o "depois" da ruptura à direita.

A ruptura é o nascimento de si

Na gravidez, a bolsa d'água tem de se romper para que possamos vir ao mundo. Depois, vem a ruptura do cordão umbilical, nos impedindo ou nos permitindo respirar por conta própria. E, no início, isso machuca os pulmões, quando eles se expandem...

A ruptura faz parte da vida, ela é tentativa para dar nascimento a si mesmo, para se tornar cada vez mais si mesmo.

Um dia deixei meus pais para viver minha própria vida

Penso em quando deixei a casa dos meus pais.

Eu tinha .... anos.
Em que condições?

....

....

Sentimentos que experimentei:

....
....
....

Será que isso me lembra algo? Posso observar uma estrutura similar nas outras rupturas em minha vida? É claro, às vezes, nós repetimos. Sobretudo quando algo em nós ainda está ferido.

Nossa família nos permitiu crescer. Um dia, ela se torna um ambiente estreito demais para nós, precisamos partir. Em outros momentos de nossa vida, perceberemos que um contexto, uma relação, que antes nos trouxe muito, não nos permite mais avançar. Está na hora da ruptura. Mas às vezes dá medo largar o trapézio sem a certeza de agarrar o próximo...

condições	reações dos outros	meus sentimentos	meus pensamentos	meus comportamentos logo após a ruptura
Exemplo: Partida da casa dos pais				

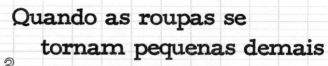

Quando as roupas se tornam pequenas demais

Às vezes, a velha roupa está surrada demais ou rasga porque crescemos. Tornou-se pequena demais. Antes de vestir uma nova mais adequada, é preciso largar a primeira. Esta passagem da nudez pode despertar a ansiedade. Estávamos habituados(as) a essa velha roupa, ela se tornara como uma parte de nós. Desvesti-la é sair de nossa zona de segurança para ousar a aventura.

Listo meus medos:

-                                     -
-                                     -
-                                     -
-                                     -
-                                     -
-                                     -

Deixar ir

Como Buda nos lembra, construímos um barco para atravessar o rio. Uma vez na outra margem, carregá-lo nas costas para entrar na floresta é pesado, inútil e até francamente incômodo. Cada ambiente precisa de um meio de transporte particular.

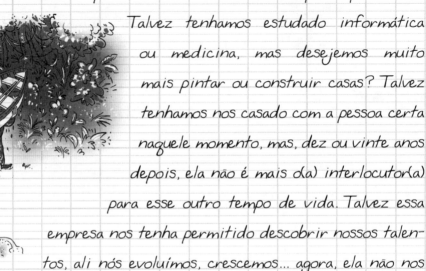

Talvez tenhamos estudado informática ou medicina, mas desejemos muito mais pintar ou construir casas? Talvez tenhamos nos casado com a pessoa certa naquele momento, mas, dez ou vinte anos depois, ela não é mais o(a) interlocutor(a) para esse outro tempo de vida. Talvez essa empresa nos tenha permitido descobrir nossos talentos, ali nós evoluímos, crescemos... agora, ela não nos permite mais evoluir.

Agradeço meu "barco" pelo que ele me permitiu atravessar:

....
....
....
....

10

A pequena voz que eu calei

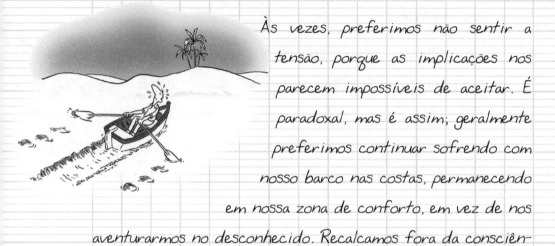

Às vezes, preferimos não sentir a tensão, porque as implicações nos parecem impossíveis de aceitar. É paradoxal, mas é assim; geralmente preferimos continuar sofrendo com nosso barco nas costas, permanecendo em nossa zona de conforto, em vez de nos aventurarmos no desconhecido. Recalcamos fora da consciência a pequena voz que nos diz:

CUIDADO,
tem algo errado!

O que neste momento está pesando em minha vida?

....

Sinto-me fraco(a), dependente, constrangido(a)

....

Ouço a pequena voz que por tanto tempo calei. Qual parte de mim se encolhe para manter o status quo?

....

Ficar estressado, reprimir suas emoções, seus sentimentos, se submeter, é a porta aberta para a depressão, as angústias, as fobias ou a doença física.

11

Antes da ruptura, as tensões se acumulam

Quando nossas necessidades não são satisfeitas, quando as emoções não podem ser ditas, quando começamos a nos submeter, o estresse se acumula. Um ponto de ruptura se anuncia. A menos que cuidemos e acompanhemos a rachadura em nossa cabeça e em nosso coração, as tensões podem se inscrever em nosso corpo.

Desenho as tensões em meu corpo: **Avalio meu nível de tensões:**

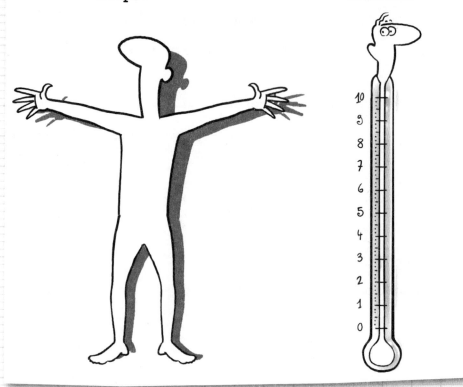

Os pensamentos sombrios alimentam minhas emoções

Circulo os pensamentos sombrios que às vezes passam pela minha cabeça e/ou inscrevo outros:

sou inútil, não aguento mais, é duro demais, ninguém me ama, não vou conseguir, não tenho as competências, sou pior do que outros, outros não me entendem, nunca sei o que devo fazer, sinto que estou fazendo tudo errado...

Ou :

os outros são inúteis, estúpidos, incompetentes, sou melhor do que os outros, eles/elas não entendem nada, sempre sei o que fazer, eles não, eles/elas se comportam de qualquer maneira...

Ou ainda:

todo mundo é inútil — é culpa do governo, da crise, dos imigrantes... (ou seja, lá o que for de externo e de indefinido) — estamos todos em apuros — a vida não vale a pena ser vivida.

Pinto o coração ao lado de acordo com as emoções que me sufocam:

(exemplos: preto se estou de péssimo humor, vermelho se estou com raiva, azul se estou triste, arco-íris se passo por todas as suas cores...)

Meu poder sobre a situação

Tenho o sentimento de ter poder sobre a situação?
SIM   NÃO

Muitas vezes temos muito mais poder do que pensamos, nem que seja o de aceitar ou não a situação. Às vezes é mais confortável imaginar não ter esse poder, podemos então acusar o outro ou a fatalidade por todos os males. Mas essa postura de vítima não é muito construtiva.

Descubro minha parte de poder:

Expressei para o outro minha experiência?	SIM	NÃO
Mostrei ao outro ou às outras pessoas envolvidas que a situação não me convinha?	SIM	NÃO
Pedi alguma coisa?	SIM	NÃO
Dividi meus sentimentos com autenticidade?	SIM	NÃO

Como sou cúmplice da situação? Eu me observo. Atitudes, pensamentos, alguns de meus comportamentos agravam a situação. Tomo consciência disso.

....
....

Perco poder dia a dia? Sinto-me cada vez mais deprimido(a), cansado(a) ou inquieto(a)? É o momento de mudar algo, de ousar pensar BASTA.

As más rupturas

Cuidado, certas rupturas não são saudáveis. Pode ser que abandonemos um projeto, um sócio, uma profissão, algumas perspectivas... Seja por obediência aos programas inconscientes elaborados em nossa infância ou transgeracionais, seja porque escutamos nossos medos. E até mesmo um pouco dos dois. Temos várias pequenas vozes interiores... As de nossos ancestrais nos pedem para reviver suas vidas. As de nossos pais podem nos animar ou nos limitar. A do medo procura nos afastar.

Qual dos meus pais poderia se regozijar (consciente ou inconscientemente) desse fracasso?
Pai   Mãe   Outro   Nenhum

Qual dos meus pais poderia sofrer com meu sucesso?
Pai   Mãe   Outro   Nenhum

Um de meus pais ou ancestrais teria vivido um fracasso similar?   SIM   NÃO

Tenho o direito de conseguir?
SIM   NÃO

Tenho o direito de superar meus pais?
SIM   NÃO

A solução que escolho poderia ser (risco as menções inúteis):
fuga do conflito — fuga desenfreada — medo de enfrentar um risco — falta de confiança em minhas habilidades — falta de confiança em mim mesmo, em minhas escolhas — falta de segurança interna — outro medo ou fuga?

Os fracassos repetitivos

Algumas pessoas tendem a acumular fracassos que parecem sempre se desenrolar da mesma maneira, como se fôssemos guiados por um esquema.

Quando a história se repete, ainda que detestemos a ideia de ter uma responsabilidade, melhor reconhecê-la para sair das repetições. Quando nossa história não está curada, nossa tendência é confirmar nossas crenças adotando os comportamentos correspondentes.

Crença de base: sou inútil

☞ **Comportamento: eu me distancio**

☞ **Consequência: os outros não se interessam por mim**

☞ **Confirmação de minha crença: sou inútil.**

Quais crenças negativas sobre mim mesmo(a), sobre os outros e sobre o mundo sou capaz de confirmar em consequência dessa ruptura?

Decididamente, eu...

Decididamente, os outros...

Decididamente, o mundo é....

(ou não é...)

E se eu rompesse com o esquema em vez de com a pessoa?

....

....

Dizer BASTA!

Nossa ideia de ruptura consiste, geralmente, em jogar fora o bebê junto com a bacia...

Uma amiga nos irrita, nós nos distanciamos.

Não somos felizes em nosso casamento, divorciamos. Não nos realizamos em nosso trabalho, pedimos demissão. Claro, é necessário romper para permitir a renovação, mas com a dinâmica relacional, não necessariamente com a pessoa. Para isso, no entanto, precisamos estar prontos(as) a romper com ela, porque então, como não temos mais expectativa, saímos da dependência. O outro perde seu poder sobre nós e o jogo não pode mais continuar como antes. Recobramos nossa liberdade... As cartas são redistribuídas.

É comum que um anúncio de ruptura desencadeie uma nova relação. Levando não a uma separação, mas a uma ruptura do antigo modelo. Um novo casal se forma com as mesmas duas pessoas. Uma nova função, uma remuneração melhor ou reconhecimento, uma reorganização do cargo permite permanecer na mesma empresa embora mudando. Mas claro que não podemos ter certeza disso antes...

Na coluna da esquerda, anoto meu desejo impulsivo de separação.
Na coluna da direita, comparo a precisão que posso acrescentar

Quero me separar de...	Quero me separar de...
Ex: Meu marido	Minha submissão ao meu marido
Ex: Essa empresa que me emprega	O assédio que sofri nessa empresa que me contrata

A o que preciso dizer BASTA, mesmo arriscando a relação?

....

....

....

....

....

Catástrofe ou oportunidade?

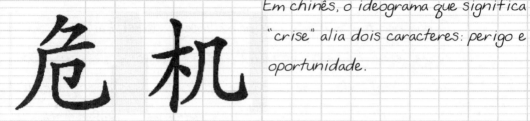

Em chinês, o ideograma que significa "crise" alia dois caracteres: perigo e oportunidade.

O "ponto catastrófico" em matemática[2] é o ponto de mudança de orientação de uma curva. Quando não se pode modificar a situação, a única escolha é a de se transformar. Ali está nosso último poder.

O que a situação espera de mim? Ou seja, como posso utilizar essa situação para desenvolver uma competência, um valor importante para mim?

....
....
....
....

"O importante não era o que esperávamos da vida, mas o que a vida esperava de nós."

Escreveu Viktor Frankl ao relatar sua experiência no campo de concentração.

19

---

2. Teoria das catástrofes de René Thom.

Compreender

O que não tem sentido nos deixa inseguros(as). Para descobrir o que esse fracasso veio me ensinar, preciso perceber suas razões profundas. Não as causas aparentes, mas as subjacentes. Algumas são internas, outras são externas. Algumas estão no passado, outras no futuro. Sem esquecer que todo evento é multicausal!

As causas internas

Esse fracasso foi programado pela minha história? Tem um sentido em relação ao vivido pelos meus ancestrais? É a continuidade do que meus pais me ensinaram?

- Encontramos nele um "benefício" inconsciente: confirmar uma crença, restaurar uma ilusão de poder, se opor sem conflito, mudar de percurso sem se responsabilizar por ele...
- Ele nos permite frustrar as expectativas parentais para encontrar nossa identidade própria.
- Repetimos a história da família (fracasso similar do pai na mesma idade...).
- Ele confirma nossa posição entre nossos irmãos (apenas um tem o direito de conseguir, cedo meu lugar ao meu irmão).

- Ele é obediência às injunções parentais inconscientes (é proibido superar a mãe/você não tem o direito de conseguir).

Se esse fracasso fosse uma mensagem aos meus pais, ela lhes diria:

....

....

....

....

....

....

....

....

....

....

As causas externas

Sim, às vezes, não temos nada a ver com isso (individualmente). Somos vítimas de uma dinâmica social, econômica ou das forças da natureza (furacão, inundação...). Conhecemos o mundo pela resistência que ele nos opõe.

O que posso aprender com o que vivi?
....
....

As causas no futuro

- E se nosso inconsciente tivesse provocado o fracasso para nos obrigar a sair de nossa zona de conforto e assim permitir nos aventurarmos em novos caminhos?
- O fracasso é fonte de criatividade e de descobertas. Os doces conhecidos como Les bêtises de Cambrai[3] [a estupidez de Cambrai] certamente é um bom exemplo disso.

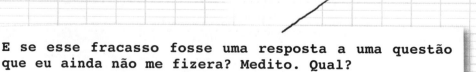

E se esse fracasso fosse uma resposta a uma questão que eu ainda não me fizera? Medito. Qual?

....

E se esse obstáculo fosse uma placa indicadora cujo objetivo era me recolocar no caminho de minha vida? Sou fiel aos meus sonhos de infância?

....

---

3. A receita original das *bêtises de Cambrai* é fruto de um erro. Por volta de 1830, um aprendiz de confeiteiro deixou por engano cair hortelã na massa do doce e escondeu o que fez. O doce foi então vendido, agradou a clientela e se tornou um enorme sucesso [N.T.].

Meus medos

Escrevo todos os medos que me ocorrem sobre esse fracasso ou ruptura que se anuncia ou se concretiza, preencho ao menos uma página inteira. Escrevo sem refletir, tudo o que me vem espontaneamente...

No dia seguinte, releio. E observo cada medo inscrito na página anterior. Ele é realista? Não procuro acalmar meus temores imediatamente. Tomar consciência deles é uma etapa importante. Exploremos:

Nos seguintes medos, frequentes por ocasião de rupturas ou de fracassos, destaco aqueles que estão em minha lista pessoal:

❏ Medo de sofrer

❏ Medo do olhar dos outros

❏ Medo do futuro, do desconhecido

❏ Medo de enfrentar o presente

❏ Medo do conflito

❏ Medo de não estar à altura

❏ Medo de perder a face, de não mostrar uma boa imagem de si

❏ Medo de não saber o que dizer, o que fazer

❏ Medo da solidão

❏ Medo de...

Do que eu tenho MAIS medo?

....

....

....

....

....

....

....

....

Medo de que o passado sempre retorne

Não vale a pena ter medo disso. É uma certeza, o passado não voltará. A água do rio sempre parece a mesma, mas se coletamos um copo de tempos em tempos, toda vez serão moléculas de água diferentes.

Medo de sofrer

O medo da dor e das emoções nos ocasiona muito mais sofrimento que o real, porque ele nos mantém em tensão. A dor passa. O sofrimento é alimentado pela tensão.

| Qual dor ou qual emoção me dá medo?

....

....

O que pode acontecer se eu a experimentar?

....

.... | Meço a dor que estou antecipando: |

Meus recursos

Qual é a maior dor que já vivi?

....

....

Eu a meço no termômetro:

Como finalmente a superei?

....

....

Depois, comparo esse termômetro com o da página anterior, e relativizo:

....

....

Quer sejamos o autor da ruptura ou a vítima, quer tenhamos decidido de comum acordo uma separação, uma ruptura dói. É natural. Podemos ser tentados(as) a negar a dor, porque, sendo responsável pela ruptura, nós nos contamos que foi melhor assim e que, portanto, não sentimos dor. Ou porque sofrendo a decisão do outro, não queremos lhe dar esse prazer de sofrer pelas suas mãos, o que representaria para nós lhe dar um poder que não queremos que ele tenha.

A dor passará... com a condição de que a atravessemos. Caso contrário, ela permanecerá escondida no interior, prestes a surgir em qualquer ocasião, durante um novo encontro por exemplo, gerando medos, vergonha ou raivas irracionais. Para mantê-la secreta, precisaríamos prendê-la solidamente, a energia consagrada a essa repressão nos colocará em tensão...

Cuidado com o acúmulo de estresse.

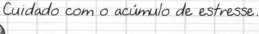

Exercício:
para atravessar a dor, começo sentindo-a, dando-lhe poder sobre mim. Chego às lágrimas, aos descontroles contra os travesseiros, aos pontapés... Observo os lugares em que a sinto. Eu a destaco das superposições do passado: quando sinto essa dor, volto em meu passado a outros momentos em que senti algo semelhante; o que acontecia? Está curado em mim? Tendo o passado curado, a carga emocional dessa dor de hoje deveria ser menor.

Medo do olhar dos outros

Às vezes tememos o julgamento dos outros. Nós humanos, sendo uma espécie altamente social, temos uma terrível necessidade de nos sentir acolhidos e reconhecidos. Para que nos sintamos pertencentes ao grupo, estamos dispostos a inúmeras concessões. Um julgamento é uma ameaça de exclusão. A perspectiva da vergonha nos reconduz ao caminho da obediência à imagem social.

Quais julgamentos os outros têm sobre mim? Ou quais julgamentos temo que eles tenham?

....

Meus recursos

E então? Se eles me julgam assim, o que pode acontecer?

....
....
....
....
....
....

Se ainda temo esses julgamentos, visto mentalmente uma espécie de roupa protetora, fugindo deles! Mas, se tenho segurança interior suficiente, eu me foco neles e considero essas pessoas com ternura, pois seus julgamentos expressam mais seus próprios temores (ou vontades) do que falam sobre mim.

Medo do desconhecido, medo do futuro, de não saber o que dizer ou o que fazer

É um medo bem natural! A ansiedade é um recurso! Sim, sim! Claro que com a condição de não deixar que ela nos paralise. Ao aceitá-la, ela se torna uma excelente conselheira. A ansiedade permite refletir, antecipar e, portanto, evitar os obstáculos. Os grandes empresários são grandes ansiosos! Um homem seguro demais de si avança com os olhos fechados e corre o risco de cair. Pior, de não saber como se levantar!

Minha ansiedade torna-se recurso, eu a utilizo

Eu me preparo: o que me dá mais medo? E o que mais? E o que mais? Anoto meus medos na parte esquerda do quadro. Assim que todos os medos estiverem inscritos, eu os avalio. São justificados ou ligados à minha história? Para cada um deles, coloco em perspectiva um ou vários recursos que posso mobilizar.

Analiso cada medo, justificado ou não, e meus recursos.

Tenho medo de...	Medo justificado ou ligado à minha história (a uma crença negativa)?	Meus recursos

Medo de enfrentar o presente

Uma ruptura, um fracasso, exige trabalho. Trata-se de se reorganizar, às vezes isso traz um mar de consequências. Se tenho medo de enfrentar esse presente é porque não me sinto com esses recursos. Tem justificativa! Não vale a pena tentar me "bombar". É melhor priorizar a revitalização. O medo de enfrentar uma situação talvez seja um sinal de esgotamento. Eu o escuto e administro minha agenda!

Nem tudo é urgente
Quais urgências não podem ser adiadas?
....

Quais mudanças podem esperar um pouco?
....

Meus recursos

O que me revitaliza? Circulo o que me convém e acrescento minhas próprias escolhas:

sair com os amigos, jantar com a família, praticar esportes, ler, receber massagem, tomar um bom banho, ouvir música, fazer trilha, ir à praia, ao cinema, passear no campo com meu cão, fazer *rafting*, dançar, visitar um museu ou uma capital, acariciar o gato, fazer amor, jardinar, viajar, cozinhar, brincar com uma criança...

Medo do conflito

Por trás do medo do conflito esconde-se um outro, o medo de não ser amado(a), de ser rejeitado(a), de ser ferido(a), de ferir o outro, de não estar à altura...

Do que exatamente tenho medo no conflito?
....
....

Meus recursos
❏ Evoco uma pessoa de meu passado que possa me ajudar (ou de meu futuro, por que não?), uma avó que me ouvia, meu cachorro que me compreendia... Visualizo a imagem deles, sinto seu odor, ouço as palavras e me alimento interiormente de sua aceitação incondicional.
❏ Escolho um método de resolução de conflito em vez de ir ao encontro do outro sem me preparar.
❏ Para evitar qualquer jogo de poder, tomo cuidado para privilegiar o vínculo e não para "ter razão".

Medo da solidão

A segurança interior de um bebê se elabora no processo de apego, nessa conexão com a mãe e o pai, nessa harmonia das emoções, nessa escuta e nessa atenção às necessidades.

Algumas experiências de rejeição em nossa infância podem nos levar a confundir solidão com isolamento. Por temer ficar sozinho(a), nossa tendência é permanecer em uma situação desconfortável. Enquanto estivermos em uma relação, no casamento *ou em um cargo, não sentimos nossa falta de segurança básica. Uma ruptura a revela.*

Meus recursos

❑ Hoje, posso fornecer a mim mesmo(a) essa atenção às minhas sensações, às minhas emoções, aos meus pensamentos... ao que sou no interior.

❑ Para que minha solidão não seja mais um sofrimento, eu a escolho. Torno-a minha amiga. Apenas a solidão pode permitir que eu mergulhe nas profundezas do meu ser.

Exercício: experimento uma hora de solidão comigo mesmo(a), sem telefone, sem tela, sem livro, sem fugir desse cara a cara comigo mesmo(a). Uma vez que consigo ficar intimamente comigo mesmo(a) por uma hora, tento três horas, depois um dia inteiro. Respiro, sinto-me vivo(a), ouço a mim mesmo(a), ouço minhas emoções, meus sentimentos, meus pensamentos...

Medo de não estar à altura

À altura do quê? Das expectativas do pai ou da mãe?

....

Meus recursos

Exercício de visualização: agacho-me mentalmente, descendo para o nível dos medos e das vergonhas de meus pais. Para dissolver esses medos e vergonhas, dou mentalmente aos meus pais o amor incondicional que não tiveram e que, por isso, nem sempre conseguiram me dar.

Medo de perder o respeito

Para alguns, a ruptura assinala um fracasso terrível. A dor consome. Porque é interpretada como uma ferida narcísica. Claro que um fracasso pode manchar nossa imagem social. Mas por que deixar um fracasso estragar nosso sentimento de identidade? Na realidade, é nossa máscara social que corre o risco de ser golpeada, não nossa verdadeira face!

Quando o outro rompe, ele nos convida a retirar a máscara. Em vez de usar uma outra, a de vítima, podemos aproveitar a ocasião para ousar a autenticidade.

Muitos de nós decidimos abandonar quando começamos a ouvir muito mais nosso ser interior e não nossa máscara social. Mas outros, ao contrário, quebram a relação para evitar retirar a máscara!

Meus recursos

❑ Minha máscara só me permite encontrar pessoas mascaradas.

❑ Percebo que essa máscara não sou eu, mas minha adaptação ao desejo dos outros sobre mim.

❑ Entendo os desejos dos outros como a expressão do que eles experimentam, não como frases que seriam a mim destinadas. Eles me dizem "você..." e decodifico mentalmente "eu...".

Para treinar, decodifico as seguintes frases:

Exemplo: você não é tão infeliz assim... = eu não consegui deixar seu pai.

Você está sempre reclamando, nunca está contente =

....

Você não vai largar um cargo tão bom =

....

Você não conhece a vida, não será melhor em outro lugar =

....

Você não vai largar um partido tão bom =

....

Cuidado, espere antes isto, aquilo =

....

Você não vai encontrar outro tão cedo (marido, mulher, trabalho...) =

....

Os lutos que outros lutos escondem

Estou bloqueado(a) no meu trabalho de luto?

Identifico a fase diante da qual eu bloqueio:

....

....

Dependência
Contradependência
Independência

Esse fracasso, essa ruptura, vem em ressonância de outro luto ou trauma não resolvido em meu passado. A etapa em que bloqueei ecoa então naquela que vivo hoje.

Estou bloqueado(a) no estágio de vítima, sinto-me abandonado(a)?

Pode-se abandonar um adulto? Não, um adulto não é dependente. Ele só pode ser deixado. Esse sentimento de abandono não está ligado ao presente. Trata-se provavelmente de uma reativação de separações antigas. Eis uma bela ocasião de se curar!

Quem me abandonou quando era criança?
....

....
O que senti?

....
O que disse para mim mesmo(a)?

....

A cura da criança interior

Eu, o adulto de hoje, vou ao encontro da criança que eu era. Escuto suas emoções, eu a olho.

Digo-lhe o quanto a amo.

Explico-lhe o que aconteceu. Explico-lhe que a culpa não é dela. A criança que eu era não dispunha das informações que hoje possuo sobre meus pais, sobre a situação deles, sobre a história deles.

Estou bloqueado(a) na contradependência: A vingança

37

Para alimentar minha cólera, devo continuar sofrendo a qualquer preço. As emoções são reações adaptativas rápidas. Quando nos agarramos ao sofrimento, não é mais emoção. O sofrimento nos traz todo tipo de benefícios secundários, por vezes difíceis de largar:

- Ele nos dá o sentimento de existir.
- Ele diz que a culpa é do outro.
- Ele nos mantém no passado, ele mantém o vínculo com o "antes".
- Ele justifica nossa passividade, nós somos a vítima.
- Ele desresponsabiliza e exige que o outro se encarregue.

Olho meu sofrimento, ele fala de mim ou do outro?

Para continuar sofrendo, tenho de reativar constantemente o sofrimento, repetindo o tempo todo para mim mesmo(a) acusações ou sentimento de culpa. Sou forçado(a) a fazer isso?

Posso decidir parar de sofrer, ou seja, simplesmente parar de alimentar meu cérebro emocional com pensamentos negativos.

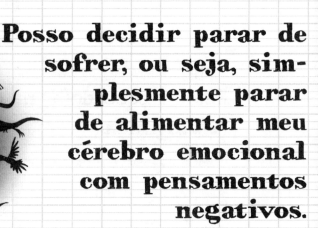

Observo como destruo MINHA vida se continuo nessa dinâmica de vingança e de reivindicação. Vejo como prefiro bem mais ter razão do que ser feliz.

Minha escolha

Depressão/vingança	Luto
Não sou responsável, o outro é que é responsável	Assumo minha parte de responsabilidade
Raiva	Acolhimento do outro
Contradependência	Individuação
Manutenção da ideia de que tenho razão	Questionamento
Estresse, sofrimento, dificuldade de viver	Liberdade
Nenhuma nova relação	Nova relação possível

Estou bloqueado(a) na fase de independência

O problema é seu!

O prazer sem limite!

Não quero compromisso!

Recusa das amarras, indiferença com a experiência do outro, experiências múltiplas, esse período de exploração voltado para o prazer dá uma ilusão de liberdade.

Expressar seus sentimentos

Compartilhar meus sentimentos com a pessoa com quem estou em conflito pode sobretudo piorar as coisas, pois provavelmente ainda estou poluído(a) por sentimentos parasitas, cóleras, medos, inseguranças de minha infância... Para separar as coisas, expresso primeiramente meus sentimentos a um amigo, a um terapeuta, a um coach, ou por escrito, através do desenho, da pintura, da arte...

Faço aqui um desenho expressando meus sentimentos:

Escrevo uma carta:

A carta

Escrever ajuda a esclarecer suas ideias e, ao colocá-las no papel, não permite que elas deem voltas e voltas em nosso cérebro. Esta carta não é para ser enviada, é uma forma de registrar a dor, de separar as emoções, de expressar o que dói.

O luto é um trabalho

Elisabeth Kübler Ross descreveu suas etapas:

choque; negação; protesto; barganha; medo; depressão/saudade/tristeza; aceitação; reinvestimento

O choque

O rompimento se produz. O inacreditável acontece. É a explosão interna. Sob o choque, o cérebro dispara. Nós nos repetimos. Evocamos vinte vezes as mesmas coisas. Como se fôssemos um disco riscado. Na verdade, algo parou a música! Embora seja natural se projetar no futuro com ansiedade ou evocar o passado e se fazer bilhões de perguntas, cuidado para não se perder nelas. Ainda não é hora da reflexão, é hora da emoção, de viver, de observar em si mesmo(a).

Meus recursos para viver o choque: mesmo que seja forte a tentação de falar e de falar novamente sobre o que aconteceu e, principalmente, sobre o que o outro fez ou não fez, continuo atento ao que se passa dentro de mim. Falar, contar, dar detalhes me ajudará a passar por essa fase se também descrevo como me senti vivendo a situação. Observo minhas sensações, eu as nomeio. Assisto o balé dos meus pensamentos. Fico no presente.

A negação ou a raposa e as uvas

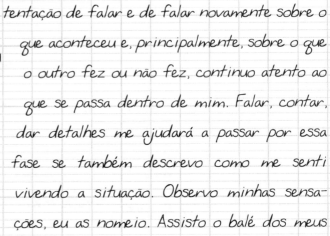

Na fábula "A raposa e as uvas", La Fontaine retrata uma raposa tentando pegar algumas uvas. Quando esta descobre que não pode alcançá-las, afasta-se, justificando-se: "Estão muito verdes." Da mesma forma, corremos o risco de enxovalhar um patrão ou uma empresa que nos demitiu: "Era um cara imbuído do seu poder, era uma empresa desalmada..."

ou desvalorizar o homem ou a mulher que amávamos até então:
"Ela era frívola, ele era 'galinha'..." Quando uma perspectiva
é muito difícil de aceitar, quando a dor provavelmente será
devastadora, quando simplesmente não estamos prontos, nosso
cérebro nos protege dissimulando a verdade. O fracasso, a
ruptura, desperta a angústia, e os mecanismos de defesa são
inúmeros: mal-entendidos, redefinições, negação, projeções,
deslocamentos...

"Não fui reprovado, o professor que foi tendencioso...",
"de todo modo, era impossível conseguir."

Quais julgamentos estou tentado(a) a fazer

· sobre o outro de quem me separo?

....

· sobre as pessoas ou a empresa que me demitiu ou
  rejeitou?

....

· sobre o exame ou o concurso no qual fracassei?

....

Podemos negar um fato, seu significado, a possibilidade de
mudá-lo ou nosso poder pessoal sobre a situação.

Situação: um casal briga muito. Acusam-se de todos os tipos de coisas. No conteúdo desses quadros estão as frases que a pessoa pode dizer a si mesma de acordo com o nível de desconhecimento em que se encontra.

O quadro da negação

	Fatos	Problemas	Opções de solução
Existência	Está tudo bem	É normal brigar um pouco	De todo modo, não há nada a fazer, não há solução
Importância, significação	Algumas brigas apimentam o casamento	Ah, não é tão grave assim	A terapia, os estágios de comunicação não servem para nada
Possibilidade de mudar	Brigas sempre acontecem em um casamento	Não podemos fazer nada	Nenhuma solução pode funcionar
Capacidade pessoal de mudar	É ele/ela que começa, não tenho nada a ver com isso	Não posso fazer nada	As soluções funcionam para os outros, não para mim.

O quadro das tomadas de consciência

	Fatos	Problemas	Opções de solução
Existência	Tomo consciência de que brigamos com frequência	Essas brigas são um problema	É possível aprender a se comunicar de outra forma
Importância, significação	É dolorido	Nossas brigas estragam nossa relação, elas são o sintoma de um problema mais profundo	Comunicar com empatia nos ajudaria a não mais brigar de forma estéril
Possibilidade de mudar	Poderíamos nos comunicar de outra forma	Podemos olhar nosso real problema e existem soluções	Podemos aprender a comunicar de outra forma
Capacidade pessoal de mudar	Eu poderia comunicar de outra forma	Tenho uma parte de responsabilidade na situação e posso então fazer com que ela evolua	Avalio a importância do problema e considero os meios para resolvê-lo

Uma frase se distingue nessa lista de crenças bloqueadoras, você consegue encontrar o erro? Grifar as crenças bloqueadoras.

"O casamento é para toda a vida."

"Éramos tão felizes."

"O divórcio é um fracasso."

"Nunca serei capaz de me recuperar."

"De qualquer forma, é..."

"Não poderei viver sem ela/ele/este trabalho."

"Avalio o quanto nosso casamento não faz nenhum de nós feliz, e decido procurar ajuda para encontrar a intimidade e o amor com o(a) parceiro(a)."

"Ele/ela não pode fazer isso comigo."

"Ele/ela vai voltar."

"Ele/ela vai se arrepender."

"Sou um marido perfeito/uma esposa perfeita, ele/ela não vai encontrar outro(a) como eu."

Resposta: "Avalio o quanto nosso casamento não faz nenhum dos dois feliz, e decido buscar ajuda para encontrar intimidade e amor com o(a) parceiro(a)."

A fase de protesto

Reação à frustração, à injustiça, o protesto é um movimento natural do trabalho de luto. Porque em geral a cólera não é uma emoção familiar, nossa tendência é evitá-la de diferentes maneiras, projetando-a nas nossas acusações ou dirigindo estas últimas contra nós mesmos como sentimento de culpa. Fechar-se na reivindicação ou no sentimento de culpa não vai nos ajudar a crescer. Quem diz o que é justo e o que não é? Algumas rupturas em meu passado me pareceram injustas no momento. Será que as lamento? Será que afinal não foram justas considerando o que aconteceu depois? E se continuo a pensar que foram injustas, não seria porque não fiz o luto delas? Porque me agarrei ao que era? Porque recusei a ruptura?

Por que eu?

"Não é justo", geralmente se associa à questão do **"por que eu"** que abre as portas para a vergonha e para o sentimento de culpa.

O sentimento saudável de culpa convida a considerar os sentimentos do outro. Um sentimento exacerbado é ao mesmo tempo direcionamento da cólera contra si, e tentativa desesperada de reencontrar o poder, pois uma ruptura, mesmo

quando escolhida, nos retira o poder. Gostaríamos de poder construir sem nunca destruir, detestamos ferir o outro.

A vergonha é a emoção da exclusão. Portanto, é muito natural descobri-la durante uma separação. Ela permite olhar para si, refletir sobre o que nos separou e nos encoraja a enfrentar o sofrimento que causamos ao outro, quer sejamos o(a) artífice da ruptura ou não. Evitemos acrescentar a ela as vergonhas da infância... Todos nós sofremos inúmeras rejeições, muitas vezes conservamos uma vergonha escondida dentro de nós. É provável que ela ressurja no momento de qualquer separação.

> Eu substituo: "Por que eu? Não é justo" por: "A vida me coloca uma questão: qual é o sentido de minha vida?"
> ....
> ....

A fase do "*por que eu*" transita entre protesto e barganha.

Barganha

Identificar a fase de barganha nem sempre é fácil. Quando estamos dentro, acreditamos sinceramente que algo pode evitar a ruptura.

A adaptação extrema

Tento cada vez mais me conformar à ideia que tenho do que o outro espera. Sou a mulher perfeita, o marido perfeito, o(a) funcionário(a) modelo... "Se eu for exatamente quem ele/ela espera, ele/ela voltará para mim", na esperança mágica de fazer com que o outro mude sua decisão, veja que a ruptura não existiu.

Imitar os outros, fazer de conta, ser supergentil, aumentar ainda mais o seu perfeccionismo, controlar cada vez mais o outro, dar, fazer pelos outros, se dedicar, tentar convencer, ter razão... são comportamentos de adaptação extrema.

Os arrependimentos

Se ao menos eu tivesse feito isso ou aquilo... com muitos "se"...

As ilusões

Ele/ela vai lamentar, retornar.

Vou acender uma vela na igreja.

Mas também uma forma de **AMEAÇAS**:
De todo modo, você não vai mais encontrar trabalho.
Ninguém vai te querer.

Ou de **CHANTAGENS**:
Você não vê o que está fazendo com as crianças?
Se partir, não te dou mais dinheiro, não vai ter nada.
Se se casar com esse cara, eu te deserdo.

Saudade, tristeza, luto do passado

A saudade é um trabalho progressivo de aceitação pela travessia das emoções ligadas a cada momento passado à medida que vão ressurgindo. O choro de tristeza conclui a exploração de cada memória.

Minhas lembranças positivas:

....

Minhas lembranças daquilo que foi negativo, conflituoso ou doloroso:

....

Revejo os momentos de felicidade, e também as brigas, as mentiras, as feridas. Deixo voltar tanto as memórias felizes quanto as mais dolorosas. Eu as observo, choro por elas, depois as deixo ir. Vejo como cada momento, positivo ou negativo, me construiu. Aos poucos, percebo o quanto não há realmente nem negativo nem positivo, apenas eventos aos quais não preciso adicionar um qualificativo. Este é o caminho para a equanimidade[4].

Luto do futuro

Faço o luto das possibilidades, do que poderia ter sido. O luto dos projetos confessados ou não confessados, explícitos ou implícitos.

O que perco no meu futuro:

....
....
....
....
....
....

---

4. Equanimidade é acolher o que é, sem julgamento, sem avaliação. Essa aceitação do que é me liberta e me dá poder sobre o que será.

Meus recursos diante do fracasso

Nossa tendência é considerar um sucesso como natural e nos lembrarmos apenas de nossos fracassos. Em suma, este é um fenômeno bastante útil, pois um sucesso fecha o círculo. Se o celebramos, nosso cérebro consolidou as redes neurais envolvidas, ele aprendeu. Enquanto o fracasso exige reparação e aprendizado, o círculo não se completou. Portanto, guardamos a memória dele enquanto a gestalt (o círculo) não estiver fechada. O cérebro não considera uma ruptura ou um fracasso como um fim em si mesmo, mas como um problema a ser resolvido, por isso o guarda na memória, até encontrar a resolução. Portanto, é claro que muitas vezes ele se reativa...

- **Decido percorrer as etapas do luto, percebendo o que em mim continua bloqueado. Aceito aprender.**

- **Prefiro revivê-lo em outras ocasiões, e bater sempre na mesma quina não me machuca.**

- **Não quero acreditar que tenho poder sobre a situação, a culpa é do outro. Penso que tudo isso é uma questão de vontade. Vou chegar lá por mim mesmo(a).**

Sendo assim, por que não conservar conscientemente a lembrança de nossos êxitos? A memória dos fracassos alimenta nossos temores. A memória de nossos sucessos poderia muito bem influenciar nossa capacidade de ousar!

O que eu consegui em minha vida:
- [ ] *A minha carta de motorista*
- [ ] *O bolo de aniversário de minha filha.*
- [ ] *A organização da viagem familiar na Páscoa.*
- [ ] *Aprendi sozinho(a) a usar o computador.*
- [ ] *Aprendi a costurar.*
- [ ] ...
- [ ] ...
- [ ] ...

O que ousei para conseguir isso?

....

Minhas qualidades

Para atravessar uma ruptura sem ser destruído em nosso sentimento de identidade, podemos nos apoiar na autoestima.

Listo meus dez pontos fortes:

....
....

Anoto três pontos que devem melhorar:
-
-
-

Uma verdadeira autoestima não consiste em ver somente suas qualidades atuais, mas a se sentir no caminho para desenvolver novas qualidades.

Repito a frase:

sei que sou capaz de me tornar melhor

E ouço sua ressonância em mim.

Meus recursos no futuro

Podemos tirar nossos recursos do passado, mas também dali onde há uma infinidade deles: no futuro! Estamos construindo hoje quem queremos nos tornar. Nosso futuro sabe o que teremos atravessado, ele não terá tanto medo assim.

Qual é meu ideal? Que pessoa quero ser dentro de dez anos?

....

....

O que vou pensar da situação dentro de vinte anos?

....

....

Visualizo meu eu futuro que vem me fornecer seu apoio incondicional.

Desenho meu futuro que vem ajudar meu eu presente:

A consciência de meus valores

Cito três pessoas (ou personagens) que admiro particularmente:
-
-
-
O que admiro particularmente em cada uma?

....

....

O que admiro nelas são meus valores!

Mesmo que não os defenda ou não os incorpore hoje tanto quanto gostaria, se eu admiro esses valores nos outros é porque os tenho!

Quais são meus valores?
....
....

Meus insuspeitáveis recursos internos

1. A respiração

Respirar "com a barriga" me torna vulnerável.

Faço a experiência. Pensando em meu problema ou diante de uma pessoa hostil, encho a barriga na inspiração, e encolho a barriga na expiração.

O que acontece em mim?
....
....

Quando os orientais dizem "respire com a barriga", referem-se a toda a cintura! Para nós, ocidentais, que tendemos a nos ver apenas em duas dimensões, é melhor pensar: "Estou respirando na parte inferior das costas."

Exercício:
Eu inspiro até meu sacro, ou até meu períneo. Na inspiração, minha barriga mal se move, mas uma mão colocada na parte inferior das minhas costas é levantada. Uma vez que esta respiração profunda está feita, penso no meu problema ou enfrento a pessoa hostil... E observo o que está acontecendo dentro de mim!

2. A consciência de minhas sensações

Descrevo minhas sensações:
....
....

Colocar palavras ajuda a mobilizar o lado esquerdo do cérebro e diminui o influxo nervoso no lado direito. Com meus dois hemisférios mais bem conectados, integrados, recupero o controle sobre meus afetos e, portanto, sobre minha capacidade de administrar a situação.

3. A meditação

Exercício: coloco-me em uma postura de meditação. Sinto o percurso do ar, leve ar frio nas minhas narinas na inspiração, leve ar quente na expiração. Quando um pensamento passa, eu o vejo passar e descanso minha consciência na minha respiração. Aos poucos, aprendo, assim, a dirigir minha atenção, a encontrar um espaço de calma dentro de mim, a não me deixar invadir pelas ideias parasitas, a avaliar que tanto as emoções quanto os pensamentos passam...

Os "anjos" que me acompanham

Coincidências, acasos que não existem, as sincronicidades abundam em tempos de turbulência. Estão se manifestando mais ou estamos prestando mais atenção? Carl Gustav Jung descreve como sincronicidade a ocorrência simultânea de dois eventos sem elos de causalidade, mas fazem sentido para a pessoa que os encontra. Quando encontramos uma sincronicidade, nos sentimos menos sozinhos, como se o universo estivesse atento para nos acompanhar em nossa jornada.

Quando eu precisar de ajuda, posso invocar os anjos. Se acredito ou não, pouco importa. Peço que se manifestem, acenem para mim, então observo ao meu redor... Cada sincronicidade é uma mensagem enviada a mim pelos anjos.

Perdão ou reconciliação

Chega um momento em que pensar no outro ou na situação perdida não dói mais porque a ruptura foi consumada, foi cuidada e curada. Uma reconciliação é necessária? Enquanto não for possível, é sinal de que a gestalt não está encerrada, de que a ferida não está fechada. É nossa escolha, claro.

Mas se argumento apontando que me reconciliar significaria rebaixar-me, submeter-me... é a prova de que algo em mim ainda não está em paz.

Perdoar é uma forma de tentar fechar a gestalt, de parar de pensar nela, sem correr o risco da vulnerabilidade, da autenticidade e da intimidade. É um curativo sobre a ferida, mas a ferida geralmente permanece aberta por baixo. O perdão é unilateral e, confessemos, condescendente e, por isso mesmo, corre o risco de alimentar o jogo de poder. A reconciliação consigo mesmo(a) primeiro, depois com meu "inimigo", zera os contadores. É um sinal de que temos consciência de que cada um foi um instrumento, ela restaura a nossa humanidade e estabelece uma ponte entre dois seres.

Estou livre de toda a amargura?

....

Um sentimento de amargura enfatiza que eu não disse ou fiz algo. Escrevo uma carta para me livrar disso (que só envio se ela for livre de qualquer julgamento).

Sou capaz de desejar felicidades ao patrão que me despediu, ao ex que me deixou...?
SIM   NÃO

A gratidão

A emoção de gratidão assinala a cura profunda de uma ruptura.

Estou pronto(a) para escrever a carta de fechamento e endereçá-la à pessoa:

....

....

Agradeço pela experiência do que você me fez viver, porque graças a isso...

....

....

Hoje posso avaliar o quanto você deve ter sofrido com a minha atitude (descreva o mais precisamente possível).

....

....

Sim, são as mesmas palavras, quer sejamos a aparente "vítima" ou "o agressor" porque, precisamente, é a correspondência, que vai além das posições no jogo de poder, que restaura o vínculo de coração a coração.

O ritual de adeus

Um ritual permite que você feche e siga em frente.

Cabe a cada um encontrar o seu.

Eu posso:

❏ Enviar minha carta de gratidão.

❏ Queimar a carta ou jogá-la na correnteza de um rio.

❏ Acender uma vela e deixá-la queimar até o fim.

❏ Durante uma caminhada pegar pedrinhas. Cada pedrinha representa uma ferida vivida com a pessoa de quem estou me separando. Depois, carrego as pedras nos bolsos... até decidir que é muito pesado e me livrar delas de uma vez por todas. Jogo as pedras na correnteza de um rio, ou espalhando-as pelo caminho.

☐ Colocar uma música e deixar as memórias voltarem e quebrar o CD.

☐ Reunir-se em família ou em equipe para discutir os momentos bons e também os mais difíceis.

☐ ...

Que ritual posso estabelecer para fechar esse relacionamento?

....

Uma nova relação? Como fazer para não repetir?

Há:

· Aqueles que fogem do sofrimento entrando em um novo relacionamento muito rapidamente.

· Aqueles que não se atrevem mais a se comprometer.

· Aqueles que demoram e, no entanto, repetem.

· Aqueles que aprenderam e se engajam mais conscientemente em um novo relacionamento.

Um luto não realizado impede o estabelecimento de novos relacionamentos ou leva a repetições do mesmo padrão. Uma

Agradeço pela experiência do que você me fez viver, porque graças a isso...

....

....

Hoje posso avaliar o quanto você deve ter sofrido com a minha atitude (descreva o mais precisamente possível).

....

....

Sim, são as mesmas palavras, quer sejamos a aparente "vítima" ou "o agressor" porque, precisamente, é a correspondência, que vai além das posições no jogo de poder, que restaura o vínculo de coração a coração.

O ritual de adeus

Um ritual permite que você feche e siga em frente.

Cabe a cada um encontrar o seu.

Eu posso:

❏ Enviar minha carta de gratidão.

❏ Queimar a carta ou jogá-la na correnteza de um rio.

❏ Acender uma vela e deixá-la queimar até o fim.

❏ Durante uma caminhada pegar pedrinhas. Cada pedrinha representa uma ferida vivida com a pessoa de quem estou me separando. Depois, carrego as pedras nos bolsos... até decidir que é muito pesado e me livrar delas de uma vez por todas. Jogo as pedras na correnteza de um rio, ou espalhando-as pelo caminho.

❏ Colocar uma música e deixar as memórias voltarem e quebrar o CD.

❏ Reunir-se em família ou em equipe para discutir os momentos bons e também os mais difíceis.

❏ ...

Que ritual posso estabelecer para fechar esse relacionamento?

....

Uma nova relação?
Como fazer para não repetir?

Há:

· Aqueles que fogem do sofrimento entrando em um novo relacionamento muito rapidamente.

· Aqueles que não se atrevem mais a se comprometer.

· Aqueles que demoram e, no entanto, repetem.

· Aqueles que aprenderam e se engajam mais conscientemente em um novo relacionamento.

Um luto não realizado impede o estabelecimento de novos relacionamentos ou leva a repetições do mesmo padrão. Uma vez cumprido o luto, estamos novamente disponíveis para novos relacionamentos. Uma história se fecha no livro da nossa vida. Podemos começar um novo capítulo com outra pessoa. Às vezes, tememos novos fracassos, podemos vê-los como novas tentativas em várias direções. Aprendamos a não nos agarrar a todos os galhos que passam. Se um nos salva, ele cumpriu sua missão de nos salvar. Podemos então deixá-lo se outro se apresentar.

Conclusão

As estradas mais retas e bem pavimentadas nem sempre são as mais interessantes ou as mais ricas. Você não se lembra muito mais das estradinhas cheias de buracos e de pedras, que serpenteavam entre paisagens grandiosas, do que dos percursos de autoestradas? Porque você viu essas paisagens, porque você dirigiu mais devagar e com mais atenção. Viva os obstáculos que nos tiram da zona de conforto, nos forçam à consciência e nos abrem para uma vida cheia de sentido.

Coleção Praticando o Bem-estar
Selecione sua próxima leitura

- ☐ Caderno de exercícios para aprender a ser feliz
- ☐ Caderno de exercícios para saber desapegar-se
- ☐ Caderno de exercícios para aumentar a autoestima
- ☐ Caderno de exercícios para superar as crises
- ☐ Caderno de exercícios para descobrir os seus talentos ocultos
- ☐ Caderno de exercícios de meditação no cotidiano
- ☐ Caderno de exercícios para ficar zen em um mundo agitado
- ☐ Caderno de exercícios de inteligência emocional
- ☐ Caderno de exercícios para cuidar de si mesmo
- ☐ Caderno de exercícios para cultivar a alegria de viver no cotidiano
- ☐ Caderno de exercícios e dicas para fazer amigos e ampliar suas relações
- ☐ Caderno de exercícios para desacelerar quando tudo vai rápido demais
- ☐ Caderno de exercícios para aprender a amar-se, amar e – por que não? – ser amad(a)
- ☐ Caderno de exercícios para ousar realizar seus sonhos
- ☐ Caderno de exercícios para saber maravilhar-se
- ☐ Caderno de exercícios para ver tudo cor-de-rosa
- ☐ Caderno de exercícios para se afirmar e – enfim – ousar dizer não
- ☐ Caderno de exercícios para viver sua raiva de forma positiva
- ☐ Caderno de exercícios para se desvencilhar de tudo o que é inútil
- ☐ Caderno de exercícios de simplicidade feliz
- ☐ Caderno de exercícios para viver livre e parar de se culpar
- ☐ Caderno de exercícios dos fabulosos poderes da generosidade
- ☐ Caderno de exercícios para aceitar seu próprio corpo
- ☐ Caderno de exercícios de gratidão
- ☐ Caderno de exercícios para evoluir graças às pessoas difíceis
- ☐ Caderno de exercícios de atenção plena
- ☐ Caderno de exercícios para fazer casais felizes
- ☐ Caderno de exercícios para aliviar as feridas do coração
- ☐ Caderno de exercícios de comunicação não verbal
- ☐ Caderno de exercícios para se organizar melhor e viver sem estresse
- ☐ Caderno de exercícios de eficácia pessoal
- ☐ Caderno de exercícios para ousar mudar a sua vida
- ☐ Caderno de exercícios para praticar a lei da atração
- ☐ Caderno de exercícios para gestão de conflitos
- ☐ Caderno de exercícios do perdão segundo o Ho'oponopono
- ☐ Caderno de exercícios para atrair felicidade e sucesso
- ☐ Caderno de exercícios de Psicologia Positiva
- ☐ Caderno de exercícios de Comunicação Não Violenta
- ☐ Caderno de exercícios para se libertar de seus medos
- ☐ Caderno de exercícios de gentileza
- ☐ Caderno de exercícios de Comunicação Não Violenta com as crianças
- ☐ Caderno de exercícios de espiritualidade simples como uma xícara de chá
- ☐ Caderno de exercícios para praticar o Ho'oponopono
- ☐ Caderno de exercícios para convencer facilmente em qualquer situação
- ☐ Caderno de exercícios de arteterapia
- ☐ Caderno de exercícios para se libertar das relações tóxicas
- ☐ Caderno de exercícios para se proteger do Burnout graças à Comunicação Não Violenta
- ☐ Caderno de exercícios de escuta profunda de si
- ☐ Caderno de exercícios para desenvolver uma mentalidade de ganhador
- ☐ Caderno de exercícios para ser sexy, zen e feliz
- ☐ Caderno de exercícios para identificar as feridas do coração
- ☐ Caderno de exercícios de hipnose
- ☐ Caderno de exercícios para sair do jogo vítima, carrasco, salvador
- ☐ Caderno de exercícios para superar um fracasso